Estimados familiares de lectores jóvenes:

Aprender a leer es uno de los logros más importantes de la infancia. Es una tarea difícil, pero los libros de la serie ¡Hola, lector! pueden facilitar el aprendizaje.

Cuando se practica un deporte o se aprende a tocar un instrumento musical, se tiene que participar en juegos, oír música y tocar el instrumento para mantener el interés y la motivación. Cuando se aprende a leer, se tienen que buscar oportunidades para practicar y disfrutar de la lectura. Los libros de ¡Hola, lector! han sido cuidadosamente elaborados para este fin y ofrecen cuentos entretenidos con niveles de texto adecuados para que la lectura sea un placer.

Les recomendamos estas actividades:

• El aprendizaje de la lectura comienza con el alfabeto. En las primeras etapas, ustedes pueden alentar al niño a concentrarse en los sonidos de las letras dentro de las palabras y a deletrear las palabras. Con los niños que tienen más experiencia, pueden poner más énfasis en la ortografía. ¡Conviértanse en observadores de palabras!

• Vayan más allá del libro. Hablen sobre el cuento, compárenlo con otros cuentos y pregunten al niño qué es lo que más le gustó.

• Comprueben si el niño ha comprendido lo que acaba de leer. Pídanle que les cuente el cuento con sus propias palabras o conteste las preguntas que ustedes le hagan.

A esta edad, los niños también suelen aprender a montar bicicleta. Al principio ustedes ponen ruedas especiales para entrenarlos y guían la bicicleta desde atrás. De la misma manera, los libros de ¡Hola, lector! ayudan a los niños a aprender a leer. Pronto los verán levantar el vuelo como hábiles lectores.

—**Francie Alexander**
Directora Académica
Scholastic Education

Originally published in English
as *I Hate Bullies!*

ISBN 0-439-69011-0

12 11 10 9 8 7 6   17/0

Printed in the U.S.A.   40

First Spanish printing, January 2005

¡NO SOPORTO A LOS ABUSONES!

por Hans Wilhelm

¡Hola, lector! — Nivel 1

SCHOLASTIC INC.

New York   Toronto   London   Auckland   Sydney
Mexico City   New Delhi   Hong Kong   Buenos Aires

Mira lo que tengo.

¡Vete! Este hueso es mío.

¡SOCORRO!

Estoy a salvo.

Ser pequeño tiene sus ventajas.

¡Oh, no!
La puerta está abierta.

¡Suelta mi hueso!

No soporto a los abusones.

No es justo.

¡Tengo una idea!

Abro la manguera.

¡Toma!

¡Corre, abusón, corre!

Recuperé mi hueso.

Lo comeré adentro.